Atrae el Dinero
Ahora

*12 Misterios que descubrió el hombre
más rico que jamás haya existido
"Salomón" atrae El dinero aquí y ahora
y vive la vida abundante.
Usted también puede*

OSCAR LOPEZ

DEDICATORIA

Dedico esta obra a mis hijos Óscar e Isabella quienes son la causa que me motivó a realizar este libro, a mi bellísima y amada esposa Dirla , quien me apoyó en todo momento y es el amor de mi vida, a los colaboradores del Ministerio quienes en cada momento han estado presente para creer en cada uno de los sueños que Dios nos ha dado y en especial a mi madre ya que sin ella no estuviera aquí escribiendo estas líneas.

Sé que estas palabras no son suficientes para expresar mi agradecimiento, pero espero que con ellas, se den a entender mis sentimientos de aprecio y cariño a todos ellos

Óscar López

AGRADECIMIENTOS

CONTENIDO

Pag.

PROLOGO --- 9

ATRAE EL DINERO AHORA --------------------------------11

CAPÍTULO UNO ---13
LA CRISIS ES ASIGNADA PARA
PROVOCAR TU OPORTUNIDAD
DE HACER DINERO

CAPÍTULO 2 -- 23
EL PODER DE TUS ALIANZAS

CAPÍTULO 3 -- 33
EL ENFOQUE

CAPÍTULO 4 -- 37
EL PODER DE LA ATMÓSFERA

CAPÍTULO 5 -- 43
EL PODER DE LA ACTITUD

CAPÍTULO 6 -- 49
 LA PASIÓN ES UNA FUERZA
DE INCREMENTO FINANCIERO

CAPÍTULO 7 -- 57
EL PODER DE LA DIFERENCIA

CAPÍTULO 8 -- 63
EL PODER DE LAS RELACIONES

CAPÍTULO 9 -- 69
¿QUÉ CÓDIGOS HAY EN SU MENTE
SOBRE EL DINERO?

CAPÍTULO 10 --75
EL PODER DE LA GRATITUD

CAPÍTULO 11 --81
EL PODER DE LA FE

CAPÍTULO 12 --87
UNA SEMILLA LA LLAVE
DE LA ABUNDANCIA

ORACION --100

PROLOGO

Nuevos tiempos está mostrando Dios a su pueblo, tiempos de restitución y aceleramiento. En materia de finanzas, en todo el mundo se habla de austeridad y crisis económica, la buena administración es imprescindible para recibir la bendición divina. Dios nos ha llamado a ser ministros en nuestras casas, a ser mayordomos de excelencia para poder obtener la prosperidad integral, en la cual está incluida la prosperidad material, aquella que en ocasiones nos da miedo hablar. Pero Dios, quiere que seamos prosperos en todas las áreas, que obtengamos todo lo que necesitamos para que se cumpla su propósito en nosotros.

Las circunstancias y la economía mundial está en un cambio constante, por eso es importante para nosotros aplicar principios superiores para ayudar a sostener la abundancia que Dios nos quiere dar. Esos principios superiores están en la palabra de Dios.

La prosperidad es tu verdadera herencia, pero solo la recibirás cuando tengas la capacidad divina de administrarla *"Podemos orar mucho, pero Dios no nos va a dar más de aquello de lo que podamos administrar"*

Esta herramienta nos ayudara a ser verdaderos mayordomos, a cuidar lo que Dios nos da.

Dr. Bruno Camaño

ATRAE EL DINERO AHORA
LOS DOCE MISTERIOS
QUE ATRAEN DINERO

Qué gran día es hoy para usted! Si yo estuviera en su lugar empezaría a reírme y a anunciar que inició una época diferente. A partir de estos instantes en los que usted decidió empezar a leer este manuscrito de sabiduría, comenzó a dejar atrás las limitaciones, las frustraciones y los sentimientos encontrados al ver que otros tienen una vida sin limitaciones financieras; mientras que a usted, siendo una buena persona no le está yendo bien en sus finanzas. A partir de ahora dele vuelta a la página del fracaso y respire libertad.

CAPÍTULO UNO

LA CRISIS ES ASIGNADA PARA PROVOCAR TU OPORTUNIDAD DE HACER DINERO

Muchos al escuchar los reportes de Wall Street en Nueva York y las noticias de que las naciones están en recesión, sienten que las circunstancias de una economía en decadencia son el fin. Para Thierry (un inversionista francés) quien se suicidó en Nueva York después de haber perdido mil cuatrocientos millones de dólares, sí fue el fin. Pero pienso que un hombre con tanta capacidad hubiera podido recuperarse sin necesidad de causarle a su familia el dolor de su suicidio.

¿Qué crean las crisis? Las crisis son la materia prima de grandes necesidades que traen como consecuencia el despido de muchos trabajadores en las grandes empresas. Por ejemplo: el 27 de abril de 2011, Nokia, la empresa que produce la mayor

cantidad de teléfonos inteligentes en el mundo, despidió a siete mil empleados que quedaron sin salario, padres de familia, incluso mujeres cabeza de hogar se encontraron en una situación devastadora, sin saber que harían para llevar a sus hogares el dinero necesario para suplir las necesidades básicas como: el arriendo y la alimentación. Es decir esta crisis creó un sinfín de necesidades.

¿Es muy malo vivir en tiempos de necesidades?
La historia demuestra todo lo contrario. Si usted la lee, encontrará que de las graves crisis surgieron inteligentes soluciones que originaron grandes recompensas. De hecho cabe anotar: "los más grandes millonarios de la humanidad surgieron en tiempos de depresión financiera".

Las necesidades crean un espacio para que alguien cree una solución y el que lo logre tendrá su paga; que generalmente es una gran remuneración.

El pánico de 1907 pasó a la historia como la gran crisis bancaria de Estados Unidos, de la que logró salir gracias a J.P. Morgan y que desembocó en la creación de la Reserva Federal. Numerosos bancos quebraron y la crisis se extendió, pero ello no impidió

a Williams Durant, un fabricante de coches de caballos probar con la tecnología del automóvil y fundó G.M. el 16 de septiembre de 1908. Ese mismo año se convirtió en un holding junto con Buick y Oldsmobile, que llevaban años operando. Ese mismo año se convirtió en un holding junto a Buick y Oldsmobile que llevaban años operando. El pánico de 1907, en teoría terminó en junio de 1908, pero el mercado no recuperó sus niveles antes de 1907 hasta 1909, año en que General Motors se lanzó a la adquisición de más compañías.

Mientras que unos veían una crisis que estaba causando un mundo lleno de desequilibrio, Williams vio la necesidad de salir de lo común, modernizar su fábrica y resolverle el problema a mucha gente que tenía que trasladarse de un lugar a otro lo más rápido posible para ser más productiva. Mientras que otros se encierran en la cueva de la incertidumbre, hay alguien que sabrá aprovechar la situación para obtener beneficios activando el genio creativo que hay dentro de cada uno de nosotros.

> **"Si ves que toda la gente va hacia el norte, entonces dirígete hacia el sur".**
> **(Robert Kiyosaki)**

El poder de la necesidad:

Como mencioné antes, la necesidad crea una puerta a la oportunidad para que alguien sea capaz de resolverla. O sea, lo que quiero decir es que: su futuro financiero puede cambiar cuando usted sea capaz de resolver un problema a otras personas. Así, si está pensando en convertirse en empresario, mire a su alrededor y comience a estudiar lo que la gente está necesitando. Ponga su espíritu y su mente a reinventar algo que sea una solución para la necesidad de alguien, y obtendrá su recompensa.

Elí, un joven que asistió en el mes de febrero de 2011 al más grande congreso que se celebra en Colón, Panamá, evento al que fui invitado como expositor cuenta que ahí tuvo la oportunidad de obtener mi libro "Decídete, tu día es hoy". Dice que cuando lo compró estaba quebrado, solo contaba con una tarjeta de crédito con un cupo de 500 dólares. Pero al leer el libro comenzó a pensar que había nacido para el éxito y no para el fracaso, y que había algo grande esperando por él, como se titula uno de los capítulos de mi libro. Se dijo entonces: "Puedo dejar de ser empleado para ser dueño de mi propia empresa". Él vivía en la frontera de Guatemala con El Salvador, donde vio una gran necesidad para los

transportadores que debían ir de un lado a otro, pues perdían mucho tiempo en la tramitación de los papeles de importación y exportación y pensando en forma optimista se preguntó ¿Qué puedo hacer? Y así usó la necesidad de los camioneros y hoy está gozando de grandes utilidades y en tiempo récord, ya que supo usar el factor de la oferta y la demanda.

El hombre más rico que ha habido sobre la tierra miró a su alrededor y vio que los reyes de su época necesitaban caballos de buena raza, que pudieran soportar las altas temperaturas del desierto, y ser veloces. Esta raza solo existía en Egipto, pero ellos no contaban con un transporte seguro, y además, por cuestiones de guerras que había entre esas naciones y Egipto, los faraones impedían el comercio con esos reyes.

1 Reyes 10:27-29 (versión Dios habla hoy)
El rey hizo que en Jerusalén hubiera tanta plata como piedras; y que abundara el cedro como las higueras silvestres en la llanura. Los caballos para Salomón eran llevados de Musri y de Cilicia, pues los comerciantes de la corte los compraban allí. Un carro importado de Egipto valía seiscientas monedas de plata y un caballo, ciento cincuenta. Y todos los reyes

hititas y sirios los compraban por medio de los agentes de Salomón.

Hay dos cosas en las que quiero hacerme entender:
1. Salomón no fue el hombre más rico porque del cielo le cayeron las cosas 2. Lo que lo convirtió a él en un hombre famoso y rico fue que supo usar los talentos y dones que Dios le entregó para suplir las necesidades de otros. La Biblia dice que los reyes de la tierra venían a él con tal de escuchar una palabra de sabiduría y consejo y déjeme decirle que todos estos reyes venían con grandes riquezas para recompensar a Salomón.

1-Reyes 10:4-12 (versión Dios habla hoy)
La reina quedó maravillada al ver lo sabio que era Salomón. También tuvo tiempo para admirar la hermosura del palacio, la rica comida que servían a la mesa, los asientos que ocupaban los asistentes, el aspecto y la ropa de todos los sirvientes y, en especial, la de los que servían el vino al rey. Se asombró al ver todos los animales que el rey daba como ofrenda en el templo de Dios. Entonces le dijo a Salomón:

«Todo lo que escuché en mi país acerca de lo que has hecho y de lo sabio que eres, es cierto. Yo no lo creía, pero ahora lo he visto con mis propios ojos, y sé que es

verdad. En realidad, no me habían contado ni siquiera la mitad. ¡Eres más sabio y rico de lo que yo había escuchado! ¡Qué felices deben ser tus esposas! ¡Y qué contentos deben estar todos tus servidores, pues siempre cuentan con tus sabios consejos! ¡Bendito sea tu Dios, a quien le agradó tu conducta y te hizo rey de Israel para que gobiernes con justicia! No hay duda, ¡Dios ama a Israel!»

Después, la reina de Sabá le dio a Salomón tres mil novecientos sesenta kilos de oro, y gran cantidad de perfumes y piedras preciosas. Además, los barcos de Hiram, que habían traído desde Ofir el oro para Salomón, trajeron gran cantidad de madera de sándalo y piedras preciosas. Con esa madera el rey hizo barandas para el templo de Dios y para el palacio. También hizo para los músicos arpas y liras. Nunca antes se había visto tanto perfume y tanta madera de sándalo en Israel.

Si usted es capaz de crear una solución a una necesidad, una gran recompensa lo estará esperando. Podemos concluir este capítulo revelando que el primer misterio para hacer dinero es crear negocios que solucionen una necesidad, por esto mire a su alrededor y vea qué es lo que puede

hacer para solucionar el problema de otro. Dios le ha dado dones y talentos, de hecho, si hoy está siendo empleado de alguien, quiere decir que tiene una habilidad extraordinaria y lo que le falta es comenzar a pensar que sí es capaz de ser, no solo el empleado de alguien, sino el dueño de su propia empresa.

NOTAS

CAPÍTULO 2

EL PODER DE TUS ALIANZAS

Muchas veces hacemos alianzas con personas, basadas en apariencia o sentimientos; lo triste del caso es que esto puede afectarnos a corto y largo plazo. Cuando Josué llegó a la tierra prometida, después de haber tenido una gran conquista, cometió el error de dejarse llevar por la apariencia de un grupo de gente que se le puso en frente.

Los heveos que vivían en Gabaón supieron lo que Josué había hecho con las ciudades de Jericó y de Hai, y decidieron engañarlo. Se pusieron en camino, echando sobre sus asnos costales y cueros de vino viejos, rotos y remendados; también se pusieron ropa y sandalias viejas y remendadas, y tomaron para el camino únicamente pan seco y mohoso. Cuando llegaron al campamento en Gilgal, dijeron a Josué y a los israelitas:

--Venimos de tierras lejanas. Hagan ustedes un pacto con nosotros

Los israelitas les contestaron a los heveos:

--A lo mejor ustedes viven por aquí, cerca de nosotros; ¿cómo vamos entonces a hacer un pacto con ustedes?

Pero ellos dijeron a Josué: Nosotros nos ponemos al servicio de usted. Él les preguntó: ¿Quiénes son ustedes? ¿De dónde vienen? Y ellos respondieron: Venimos de muy lejos, debido a la fama del Señor su Dios. Hemos sabido todo lo que él hizo en Egipto, y lo que les hizo a los dos reyes amorreos al otro lado del río Jordán, es decir, a Sihón de Hesbón y a Og de Basán, que vivía en Astarot. Por eso, nuestros jefes y nuestros compatriotas nos dijeron: Tomen ustedes provisiones para el camino y vayan a donde ellos están. Díganles que nos ponemos a su servicio y que queremos hacer un pacto con ellos. Cuando salimos en busca de ustedes, este pan todavía estaba caliente, y ahora ya está mohoso y seco. También estos cueros estaban nuevos cuando los llenamos de vino, y ahora ya están rotos. Y lo mismo ha pasado con nuestra ropa y nuestras sandalias, pues el camino ha sido largo. Los israelitas probaron las provisiones de los gabaonitas, pero no consultaron al Señor.

Entonces Josué hizo un pacto de paz con ellos, comprometiéndose a perdonarles la vida; y los demás jefes israelitas juraron hacer lo mismo.

Tres días después, los israelitas se enteraron que los gabaonitas eran vecinos suyos, y que vivían cerca de ellos. Entonces salieron en busca de los gabaonitas y al tercer día llegaron a sus ciudades que eran Gabaón, Cafirá, Beerot y Quiriat-jearim. Pero los israelitas no los mataron, porque los jefes les habían jurado por el Señor y Dios de Israel que les perdonarían la vida.
Por esta razón el pueblo murmuraba contra sus jefes...

Una alianza basada en lo que sus ojos pueden ver hoy le puede dar una gran satisfacción porque piensa que ayudó a alguien, o por lo contrario puede ver que esa persona tiene los recursos que usted necesita, pero mañana puede ser un gran dolor de cabeza. Usted debe ser muy precavido en cuanto a qué persona une a su visión y deseo, pero tampoco debe cerrar la puerta de las alianzas estratégicas, porque el éxito económico no se logra en la oscuridad de la soledad, sino por lo contrario usted necesita de concesiones para lograr su éxito financiero y desarrollar su liderazgo.

Por qué son necesarias alianzas estratégicas.

Las Alianzas Estratégicas son una excelente forma de mejorar la efectividad en el Liderazgo y de alcanzar éxitos, que individualmente serían casi imposibles de conquistar.

Muchos líderes prefieren trabajar por su cuenta. La sola idea de compartir su liderazgo les hace caer en una completa negatividad. Con esta actitud egoísta se pierden de la fortuna y la satisfacción de colaborar con sus semejantes.

¿En qué consisten las Alianzas Estratégicas?

Son simplemente la asociación de dos o más líderes de determinado campo, que se reúnen con el fin de brindar sus esfuerzos, virtudes, conocimientos, capital económico, creatividad y sus influencias particulares para alcanzar beneficios comunes; que con seguridad, superarían a los logrados de manera individual.

Hay muchas pruebas de líderes que han configurado alianzas estratégicas y los resultados obtenidos han superado sus sueños y expectativas.

Recuerda que líderes somos todos cuando decidimos actuar en una dirección determinada, con el fin de

lograr una meta y conseguimos que al menos una persona nos acompañe.

Las ventajas de las alianzas estratégicas como forma evolucionada del liderazgo son muchas. Entre ellas se pueden mencionar que:
1. Se basan en la colaboración, dejando atrás el egoísmo que caracteriza a nuestra cultura.
2. La sinergia brota como un proceso natural, permitiendo la multiplicación de resultados satisfactorios, producto del entramado de conocimientos y creatividad que despliegan los líderes participantes, en conjunto.
3. Se aplanan las estructuras piramidales clásicas del liderazgo para dar paso al liderazgo compartido, como respuesta más adaptada a nuestro tiempo.
4. Cada Líder aporta su propio grupo de colaboradores para transformarse en un grandioso Equipo de Trabajo.
5. Cada líder que forme parte de una alianza estratégica con otros líderes, se verá salpicado por las briznas de plata del éxito de esos líderes de pensamiento diferente.
6. Los equipos de trabajo resultantes de alianzas estratégicas disfrutarán también de mayor provecho en forma individual.

7. Los líderes que se ordenan bajo la figura de alianzas estratégicas para favorecer a los más necesitados, consiguen normalmente crear organizaciones de alto impacto en los sectores a los cuales van dirigidos sus esfuerzos.

8. Las probabilidades de obtener ingresos superiores e imaginados son muy altas.

Cuando dos grandes se unen.

Una de las más grandes alianzas económicas sucedió el 6 de agosto de 1997 por los dos hombres más grandes de la tecnología: Bill Gates y Steve Jobs. Ellos decidieron cambiar el espíritu de competencia por la alianza, los resultados de la alianza de Bill Gates junto a Steve Jobs dan más 6 mil millones de dólares.

Eclesiastés 4:9-12 (Dios Habla Hoy)
La unión hace la fuerza

Más valen dos que uno, pues mayor provecho obtiene de su trabajo. Y si uno de ellos cae, el otro lo levanta. ¡Pero ay del que cae estando solo, pues no habrá quien lo levante! Además, si dos se acuestan juntos, uno a otro se calientan; pero uno solo, ¿cómo va a entrar en calor? Uno solo puede ser vencido, pero dos podrán resistir. Y además, la cuerda de tres hilos no se rompe fácilmente.

Cómo hacer la alianzas correctas.

La regla de oro de las alianzas es el poder del acuerdo. El Profeta Amos dijo: "Si dos caminan juntos, es porque están de acuerdo". Jamás camine con alguien que no esté de acuerdo con sus ideas y metas, si no lo está es porque no le fue asignado para alcanzar sus metas. Una persona que no tiene sus mismas aspiraciones no puede fusionarse a sus sueños y en una alianza no puede haber dos sueños, tiene que haber una sola meta. Camine bajo el poder del acuerdo.

No trate de hacer alianzas por ayudar a alguien, si desea ayudar a alguien hágalo, pero sin hacer a ese alguien parte de usted y sus metas, pues puede meter a un Jonás en la barca que está siendo tratado por Dios, mientras que él está huyendo de su propósito en la vida y tal vez lo que le cause sea una tormenta, en vez de una bendición. Dele lo que le pueda dar pero siga usted adelante. El buen samaritano recogió del camino a aquel hombre que había sido asaltado por los malhechores, pero dice que lo llevó a una posada, lo curó y pagó por él la cuenta, pero el buen samaritano siguió su camino, no lo llevó consigo, tampoco se quedó a llorar sus penas o buscar una venganza por lo que le habían hecho. Cada uno debe

de pelear sus propias batallas, no invierta tiempo en pelear las batallas de otros, camine con personas a quienes ya la vida ha procesado y que tienen la experiencia y están caminando en el propósito divino.

"Nuca viaje con alguien que no quiere llegar"

La clave para hacer alianzas

Es importante que sepa que usted es un espíritu viviendo en un cuerpo y que dentro de la anatomía de su espíritu hay un elemento que se llama intuición. Esto es la habilidad de percibir cosas; le doy un ejemplo: cuántas veces ha tomado decisiones de las que luego se ha arrepentido y que cuando se decidió a hacerlo había algo en su interior que le decía: "No lo haga" y sin embargo terminó haciéndolo. Eso que le decía que no tomara esa decisión se llama intuición. Su intuición jamás lo va engañar déjese llevar por ella porque ella está conectada con Dios y Dios quiere lo mejor para usted.

Jeremías 29:11 Dios Habla Hoy (DHH)

Yo sé los planes que tengo para ustedes, planes para su bienestar y no para su mal, a fin de darles un futuro lleno de esperanza. Yo, el Señor, lo afirmo.

NOTAS

CAPÍTULO 3

EL ENFOQUE

No te desvíes a la derecha ni a la izquierda;
Aparta tu pie del mal...
Proverbios 4:27

Su enfoque es a lo que dirige su atención en cada momento. Su mente funciona como el lente de una cámara, en lo que lo enfoca es lo que ve con la exclusión de todo lo demás. Esto significa que cuando dirige su atención a algo no ve otras cosas y como el lente de la cámara, si lo usa para acercar el objeto, se pone más claro y los detalles se hacen más obvios. Incluso, mientras más acerca el objeto con el lente menos ve lo que está alrededor.

En las "7 Leyes Espirituales del Éxito", Deepak Chopra lo declara en esta forma; "Cualquier cosa a la cual le pones tu atención crece y se expande en tu vida y a lo que le quitas tu atención se marchita y muere." Esto significa que mientras más nos enfocamos en algo, más grande y real se hace para nosotros.

33

Atrae el Dinero *Ahora* ✡

¿Alguna vez ha tenido la intención de lograr algo que llevaba en su mente mañana, tarde y noche? ¿Algo que no le permitía pensar en otra cosa? Pudiera ser una relación romántica con quien se sentía muy atraído, o una idea de negocio o producto, del cual estaba tan enamorado y deseaba promoverlo. Pensaba tanto en ello que se le convirtió en un deseo ardiente con total intención de lograrlo y que al fin lo consiguió.

De la misma forma pudiéramos haber estado en una situación de preocupación o tan llenos de temor que permanecemos enfocados en ello continuamente. Es posible que lo hayamos provocado con tanta ansiedad que nos volvió locos o nos enfermó.

Todos hemos experimentado estos tiempos de enfoque de atención tan intensos y es muy probable que lográramos lo que deseábamos (o provocamos lo que no queríamos que sucediera) pero la mayoría de las personas no toman el tiempo para entender el porqué, o sea cuál fue el tremendo poder que estaba usando. Es el poder de enfocar tan vehementemente un deseo (o un temor) que lo convertimos en ardiente; lo que a su vez enciende la imaginación para contemplarlo tanto que eso determina que tarde o temprano se posea... bueno, malo o indiferente.

Este poder del enfoque realmente es el mecanismo con el cual dirigimos nuestro poder creativo. El regalo que Dios nos dio del libre albedrío realmente es el poder de dirigir nuestro enfoque y por ello dirigimos nuestros pensamientos, nuestras creencias y nuestras acciones que crean nuestro destino. Así que, en la actualidad si puedes controlar tu enfoque – controlas tu futuro entero. Es así de poderoso!

El secreto del éxito de José fue que él sabía que le podían quitar el manto de colores que le había regalado su padre, pero lo que jamás perdió fue su enfoque en que un día estaría sentado en un trono.

En otras palabras, no importa cuántas pérdidas o derrotas usted haya tenido; hoy tome la determinación de reinventar su enfoque e ir detrás de sus sueños y conquistar una vida libre económicamente.

NOTAS

CAPÍTULO 4

EL PODER DE LA ATMÓSFERA

1 Samuel 16:23 Dios Habla Hoy

Así que, cuando el espíritu maligno de parte de Dios atacaba a Saúl, David tomaba el arpa y se ponía a tocar. Con eso Saúl recobraba el ánimo y se sentía mejor, y el espíritu maligno se apartaba de él.

Qué difícil debe haber sido cuando Saúl era atormentado, me imagino que la atmósfera debe haber sido algo pesada, toda motivación era frustrada. De hecho a ninguno nos gusta estar en un lugar así, piense en las personas con las que usted va a tener que interactuar, prepare el ambiente para que al estar frente a usted reciban paz y confianza.

Usted debe tener respeto por el ambiente que ha creado. Para que haya paz en su entorno debe estar lleno de motivación por las cosas que está construyendo para mejorar sus ganancias.

No deje que su ambiente se cargue de palabras negativas.

Es de vital importancia que su ambiente esté cargado de palabras de vida, salud y prosperidad; pues las palabras tienen el poder de crear cosas en nuestro alrededor.

En una ocasión llegó Jesús a la casa de un hombre llamado Jairo, su hija había muerto, el relato cuenta que alrededor de la cama del cuerpo de la niña había mucha gente llorando y lamentando su muerte. Dice la Biblia que tenía como doce años de edad. Jesús declaró con sus labios:"No está muerta, solo duerme", pero el relato dice que cuando Jesús dijo esto todos empezaron a burlarse de Él. Pero Jesús los sacó a todos. Esta debe ser su actitud frente a esas personas que no hablan vida en su círculo íntimo: muéstreles el camino a la puerta.

Salomón dijo: que el poder de la vida y de la muerte estaba en la boca, Jesús dijo que todo lo que decimos crea un efecto colateral y hace que sucedan cosas hasta moverse un monte hasta el medio del mar.

El Poder de las Palabras

"Nuestro lenguaje forma nuestras vidas y hechiza nuestro pensamiento".

Albert Einstein

Es increíble el efecto que producen las cosas que decimos. La mayoría de las veces no nos damos cuenta de lo que decimos y mucho menos de las consecuencias.

Las palabras son un reflejo de nuestros pensamientos y sentimientos. Lo primero que nos ocurre es tener un pensamiento que puede ser bueno o malo, luego, si no cortamos ese pensamiento, se puede transformar en palabras y posteriormente en acciones. Por eso es importante inclusive revisar nuestros pensamientos, porque allí comienza todo.

Muchas veces lastimamos, ofendemos o enredamos las cosas sólo con lo que decimos o dejamos de decir, por eso tenemos que pensar antes de hablar. Una vez alguien dijo: "Dios nos dio dos oídos y una sola boca, usémoslos en esa misma proporción", es decir escuchemos más y hablemos menos.

Tratemos de construir al hablar y no destruir. Una recomendación que les doy es que confirmen si la otra persona está entendiendo exactamente lo que usted quiere decir. Muchas veces preguntamos: ¿entendiste? y la otra persona responde: sí. Eso no es suficiente (debemos preguntar ¿me hice entender?)

preguntémosle qué entendió y verifiquemos si es o no lo que queríamos decir, de esa manera nos ahorramos muchos malentendidos. La comunicación no es nada fácil, por lo general hablamos muy rápido y no nos tomamos el tiempo para aclarar muchas cosas. Las palabras encierran un poder que desconocemos pero que cada día se comprueba más y más, trabajan sobre nuestro cerebro constantemente enviándole información. Esta información genera en nosotros sentimientos, actitudes, pensamientos, etc. Si hablamos cosas positivas, es mayor la probabilidad de que sucedan cosas buenas. Si hablamos cosas negativas, pues, eso será lo que recibamos.

Te invito a que hoy tomes control de las palabras que dices, sabiendo que una vez lanzadas, no volverán atrás. Con tus palabras puedes levantar, animar, edificar o por el contrario herir, destruir y traer maldición.

NOTAS

CAPÍTULO 5

EL PODER DE LA ACTITUD

Alguien dijo en una ocasión: "Tu actitud determina tu altitud". Esto quiere decir que de nuestra actitud depende qué tan lejos vayamos. Por eso si está pensando en ganar más dinero debe trabajar con la actitud correcta.

Por muy buena presencia física que tenga una persona, si tiene una mala actitud, ésta será la imagen que proyectará.

¿Qué relación cree usted que tiene la actitud con respecto a la imagen que proyecta? Desde mi experiencia, van de la mano. La actitud es parte de su imagen. ¿Qué sentido tiene manejar un excelente guardarropa si siempre estamos de mal humor? ¿Qué caso tiene cuidar nuestro cabello o maquillaje si

siempre nos estamos quejando? ¿De qué sirve ir muy bien combinados si sólo vemos problemas y dificultades en nuestra vida?

Por muy buena presencia física que tenga una persona, si tiene una mala actitud, ésta será la imagen que proyectará. Así la van a recordar. Si sólo nos centramos en tener un arreglo impecable y pensamos que esto será suficiente, incurrimos en un grave error. Es por ello que cuidar ambos aspectos será esencial para triunfar en cualquier ámbito.

Pero ¿qué es actitud? Es la disposición que tenemos para enfrentar las circunstancias de la vida, ya sean buenas o malas. Es una postura ante la vida. Todos en algún momento dado, hemos tenido etapas muy buenas pero también rachas malísimas que parecen no tener fin. Y lo que nos distingue, es la manera en cómo las manejamos.

Tener una actitud positiva da mejores resultados. Personas positivas son bienvenidas en cualquier lado por la fuerza y entusiasmo que transmiten. Rodéate de ellas. Y de las negativas, aléjate cuanto antes. Porque además, contaminan cualquier ambiente. Y no necesitamos esto.

¿Cómo generar una actitud positiva? A continuación cito algunas recomendaciones para trabajar en una actitud que nos lleve al éxito:

- Valórate a ti mismo antes que a cualquier otra persona en el mundo.
- Celebra tus logros, sin importar qué tan grandes sean.
- Ante el fracaso, no decaigas, es parte del éxito.
- Trabaja con objetivos definidos. Los propósitos sumados a una excelente actitud son el principio del triunfo.
- Cuando llegues a tu meta, sé humilde y ayuda a que otros lleguen.

La actitud que tengamos al iniciar con una actividad o proyecto, influirá más que cualquier otra cosa sobre el resultado de la misma. Nuestra actitud determina como la vida nos pagara a nosotros. Antes de poder alcanzar el tipo de vida que deseamos, es importante querer, pensar, actuar, caminar, hablar y comportarnos de la forma como queremos ser.

Trabajemos en tener una actitud positiva. Pensemos de forma distinta. Fracasar es parte del camino del éxito. Seamos pacientes. Nunca perdamos la fe en

nosotros mismos y en aquel que es poderoso. Si además de una actitud de triunfo le agregamos una excelente imagen tendremos grandes resultados. Sólo tú puedes ponerle el freno o el acelerador.

El poder de la actitud es lo que nos hará distintos y exitosos. Como dice la frase: "tu actitud te identifica".

¿Por qué es tan importante tu actitud?

Porque lo que pienses de ti mismo afecta tu actitud hacia ti y la actitud con la que los demás te tratarán.

Como tú te percibes es como te perciben los demás.

La actitud de José siempre fue la misma a pesar de las presiones que él tuvo que pasar. Cuando estuvo en casa de Potifar era el mejor, del tal manera que su amo lo puso al frente de toda su casa y la Biblia dice que todo lo que José hacía Dios lo prosperaba; aun en la prisión aunque fue injustamente, también ahí le fue muy bien, todo producto de la actitud positiva que tenía José. Un día fue llamado para estar en el palacio del rey y fue tan agradable la presencia y sabiduría de José que el faraón lo colocó al frente de todo Egipto y solo el faraón era mayor en autoridad que él.

Tenga la actitud correcta y verá que el dinero lo perseguirá como perseguía a José, sin importar cuál sea el país o el entorno que esté a su lado.

Renuncie en esta hora a toda actitud equivocada que te ha impedido lograr el éxito y toma la decisión de vivir cada día dando lo mejor de ti, adoptando la mejor actitud frente a cualquier situación o reto que traiga la vida, sabiendo que el único resultado que obtendrás será una vida en victoria, siendo de influencia, impactando a otros y cambiando la atmosfera donde quiera que vayas.

NOTAS

CAPÍTULO 6

LA PASIÓN ES UNA FUERZA DE INCREMENTO FINANCIERO

Una de las constantes en mi vida han sido los retos y esto al menos no me ha dejado sentir aburrido; por el contrario, me alegra. El Aburrimiento me asusta. No me gustaría que llegue el día en que me pregunte: "¿Es esto todo lo que hay?" Es como la pregunta de Hamlet "¿Ser o no Ser?"

Afortunadamente el aburrimiento no es uno de mis mayores problemas. Raramente me siento aburrido, porque todo lo que hago lo hago con intensidad.

La Pasión Es Clave En Los Negocios

Uno de los elementos clave más importantes para los emprendedores al iniciar y desarrollar un negocio es tener una gran dosis de pasión por el tema que se va a emprender.

49

Para casi todos los emprendedores las etapas iniciales de sus negocios suelen ser las más emocionantes, pero por desgracia conforme pasa el tiempo, la mayoría de los empresarios llegan a un punto en el que la emoción y la pasión se han reducido mucho e incluso en algunos casos desvanecido por completo.

Como emprendedores, la pasión es una de las flamas más importantes que hay que procurar, tenga suficientes reservas de combustible para mantenerla siempre encendida.

Por fortuna, hay maneras de despertar nuevamente la emoción y la pasión por su empresa, que le ayuden a mantenerse fuera de la trampa del fracaso. A continuación le voy a mostrar algunas de ellas:

Tenga a mano su plan de negocio.
Un plan de negocios es una descripción escrita de lo que tiene que hacer y cómo hacerlo, no lo vea como una molestia o una carga pesada, sino como una oportunidad para mejorar su empresa, ya que constituye un programa u hoja de ruta que le ayudará como empresario a alcanzar el éxito. Su plan de negocios le ayuda a no perder el norte y le obliga a

pensar y ajustar todas sus operaciones de acuerdo con las debilidades y fortalezas de su empresa frente a sus competidores, los emprendedores que hacen sus deberes y siguen su plan de negocio, incrementan sus niveles de pasión y las posibilidades de éxito del negocio.

Observe y analice a su competencia.

Este un paso por delante de sus competidores, observe y analice qué es lo que están haciendo y cómo lo están haciendo, utilice esta información para descubrir nuevas ideas, éstas también le van a ayudar a revivir la emoción y la pasión e incluso reinventar su empresa.

Manténgase en "modo positivo"

El estado mental es crucial para el éxito o fracaso de su negocio, no importa a qué sector o industria se dirija su empresa, usted tiene que pensar en positivo y comprometerse mentalmente con el éxito, por lo cual mantenerse en "modo negativo" no debe ser para usted una opción viable.

Manténgase alejado de las personas que son negativas y pueden tratar de acabar con usted debido a su actitud pesimista. Todos hemos escuchado

alguna vez que: "es mucho mejor trabajar para otros", la gente puede llegar a ser muy negativa, simplemente porque están celosos de que usted tuvo el coraje de entrar en acción y seguir su propio sueño y no sólo hablar de ello.

Todos los negocios tienen sus más y sus menos, así que cuando vengan los tiempos económicamente difíciles en los que las cuentas empiezan a acumularse, los clientes son pocos y las ventas distantes entre sí, usted debe tirar de las reservas de pasión que tiene acumuladas que le ayuden a mantener alejada la tentación de tirar la toalla.

Mantenerse alerta y en "modo positivo" le ayudará a utilizar mejor sus recursos, creatividad, talento y esfuerzos para aumentar sus ingresos, mientras su competencia hace lo que la mayoría de las personas y negocios hacen en tiempos complicados: reducir los gastos para sobrevivir, yo prefiero inclinarme por lo primero.

No tenga miedo al riesgo.
Tenga en cuenta que los emprendedores que consiguen el éxito, tienen acumuladas en sus almacenes grandes cantidades de pasión, saben

reconocer el riesgo, pero no tienen miedo de él, ni es un freno para ejecutar, innovar y poner en marcha sus ideas.

Si tiene aversión o miedo al riesgo, entonces es mejor que trabaje para otros, ya que las probabilidades de supervivencia al emprender su propia empresa serán muy escasas.

Conviértase en un experto.
Convertirse en un experto es una forma de despertar nuevamente la flama de la pasión, asista a conferencias de su industria o escriba artículos para su blog u otros sitios relacionados dentro de su nicho de mercado, envolverse a sí mismo e involucrarse en actividades dentro de su industria, le ayudará a mantener encendido el fuego de la pasión.

El éxito se consigue con sacrificio.
Tenga en cuenta que para alcanzar el éxito tanto en los negocios en Internet como en el mundo real, todo es cuestión de sacrificio. Como emprendedor tiene que saber y aprender a pensar que ciertos sacrificios personales o financieros tendrán que hacerse en el camino que ha de recorrer para alcanzar su sueño.

Todos los empresarios que han hecho sacrificios y llegaron a su objetivo, lo hicieron porque contaron en sus depósitos con suficientes reservas de pasión y se dieron cuenta desde el principio que la construcción de una gran empresa tiene un precio. Además de las habilidades, la preparación y las acciones que se pongan en marcha, es necesaria una dosis de la bendición de Dios. Recuerda lo que dijo el rey David "Si Jehová no edificare la casa, en vano trabajan los edificadores".

Todos estos son factores importantes, pero todo comienza en la mente, una mente apasionada. No se equivocó Mel Gibson cuando nos llevó a la pantalla grande la maravillosa historia de mi amado Jesús, llamándola LA PASIÓN DE CRISTO. Si usted la vio pudo experimentar todo lo que soportó Jesús por su pasión y amor hacia la humanidad.

Es su responsabilidad mantener encendida la llama de la pasión, ya que es uno de los elementos cruciales para tener éxito en los negocios. La buena noticia es que si usted es capaz de re-descubrir la pasión, es probable que esta chispa que usted mantiene encendida, se extienda en toda la empresa y contagie a sus empleados o colaboradores.

NOTAS

CAPÍTULO 7

EL PODER DE LA DIFERENCIA

*"Cualquier persona puede hacer una diferencia,
y toda persona debe intentarlo"* **John F. Kennedy.**

Realmente una persona que vale admirar es uno de los fundadores de Apple Steve Jobs, la empresa de computadoras Mac, y creador luego de Next, y finalmente de Pixar Animation Studio, la empresa que hoy crea películas animadas de altísima calidad. Adoptado, sin estudios universitarios completos, dedicó su vida a la creatividad, a la excelencia, a cómo "hacer la diferencia" y hacerla con criterios de calidad asombrosos. Una persona que realmente descubrió y ejerció su vocación día a día y nos enseñó que sí se puede hacer la diferencia y que no hay excusa para no hacerlo.

El Rey Salomón, hizo la diferencia, de hecho el escritor dice que jamás había habido tantas riquezas en Israel como en sus tiempos.

Salomón enriqueció la nación de Israel sin haber tenido que ir a ninguna batalla, jamás tuvo que invadir el territorio de ningún reinado para traer riquezas a Israel, sin embargo las riquezas de las naciones venían a Él. Aunque él vivió antes del profeta Isaías este profetizó que a nosotros nos podía seguir esa bendición Salomónica.

"Y a ustedes los llamarán sacerdotes del Señor,
siervos de nuestro Dios.
Disfrutarán de la riqueza de otras naciones"...
Isaías 61:6

Este maravilloso hombre abrió una oficina de consejería para reyes y así se convirtió en el consejero de los reyes de la tierra, algo que ningún sabio se había atrevido a hacer en aquella época. El usó su don predominante al máximo, usted puede hacer la diferencia, no tiene que ser perfecto, pero sí dar lo mejor y ofrecer excelencia, esta hace la diferencia y abre puertas, creando buena fama a su servicio, y así incrementará más sus entradas financieras, logrando una liquidez de efectivo para sus próximas inversiones. Recuerde, después de Dios sus clientes juegan el papel más importante. Tiene que hacerles creer que ellos siempre tienen la razón,

al fin y al cabo ellos son los que pagan y llevan la promoción de su buen servicio.

Proverbios 22:1-Dios Habla Hoy

Vale más tener buena fama y reputación,
que abundancia de oro y plata.

Tú naciste siendo un ganador pero para ganar debes planear ganar, estar preparado para ganar y esperar ganar.

La superación personal es un proceso de transformación y desarrollo, a través del cual una persona trata de adoptar nuevas formas de pensamiento y adquirir una serie de cualidades que mejorarán la calidad de su vida.

Usted tiene el poder sobre sus logros, metas, triunfos y esfuerzos para su superación y éxito en la vida.

Usted y nadie más que usted, es quien debe hacer una diferencia en la vida para alcanzar los objetivos planteados. Esforzarse es lo principal para conseguir lo que quiere. Quizás se cuestione sobre cómo hacer la diferencia para triunfar. Esa es una pregunta que

nadie más que usted mismo debe responder. Pero para ser diferente debe creer en sí mismo, valorar cada paso que da, haciendo sacrificios y luchando cada día para superarse y tener éxito en la vida.

Cumpla con sus metas y será diferente a los demás, porque muchos ni siquiera están seguros de lo que realmente quieren para su vida, mucho menos si van a lograr algo, o tal vez lo pueda llegar terminar.

No es lo que tiene, es lo que usa para hacer una diferencia. Haga la diferencia en su vida, confíe en sí mismo, crea y nunca desista de lo que haya empezado. ¡Termine todo cuanto proyecto empiece!

Su diferencia, hará que los demás piensen sobre su superación y éxito de vida. Triunfe siempre en su vida y estará haciendo una lucha y una diferencia total. Haga la diferencia de cualquier forma que pueda, sea diferente de los demás en sus triunfos; recuerde que no todos los seres humanos somos iguales, ¡cada cabeza es un mundo por explorar!...

A la cima no se llega superando a los demás, sino superándose a sí mismo.

NOTAS

CAPÍTULO 8

EL PODER DE LAS RELACIONES

Proverbios 18:24 *Reina Valera Contemporánea*
Hay amigos que no son amigos,
y hay amigos que son más que hermanos.

Relacionarse es la aptitud de identificarse y establecer lazos con las personas de modo tal que aumente la influencia que se tiene sobre ellas...

Vivir en un mundo interconectado muchas veces no es señal de estar en plena relación con los demás. A los seres humanos les hace falta una dimensión más cercana, los teléfonos pueden fallar, los correos electrónicos pueden no llegar a tiempo... Pero las relaciones siempre deben transcurrir en un plano no mediado, sin embargo, se delega en la tecnología la responsabilidad de mantener una relación.

El libro de John Maxwell en español, El poder de las relaciones, es una excelente herramienta a la hora de evaluar la efectividad en el liderazgo, las relaciones en general y por sobre todas las cosas, dar calidad a la comunicación interpersonal día a día. Un libro que llamará la atención del lector y provocará cambios en la manera de transmitir pensamientos, sentimientos y emociones de cada persona.

¿Sabe cómo se relaciona con los demás?

Según los expertos, todos los días sufrimos el bombardeo de treinta y cinco mil mensajes. Vayamos donde vayamos, miremos donde miremos, alguien intenta captar nuestra atención. Todos los políticos, publicistas, periodistas, miembros de nuestra familia y conocidos tienen algo que decirnos. Todos los días nos encontramos con correos electrónicos, mensajes de texto, carteles publicitarios, la televisión, las películas, la radio, el Twitter, el Facebook y los blogs. A esto debemos sumar los periódicos, las revistas y los libros. Nuestro mundo está atestado de palabras. ¿De qué modo decidimos qué mensajes recibir y qué mensajes rechazar?

Maxwell dice en su libro El poder de las relaciones que: hablar es fácil, todo el mundo habla. El asunto es cómo puedes hacer para que tus palabras tengan importancia. ¿Cómo puedes comunicarte realmente con los demás?... Si no nos comunicamos de manera eficaz, no podemos triunfar en la vida. Trabajar duro

no es suficiente, tampoco lo es ser excelentes en lo que hacemos. "Para ser exitoso, debes aprender a establecer una verdadera comunicación con los demás."

Muchas veces las relaciones personales se tornan difíciles, las personas son distintas y tienen diferentes maneras de comunicarse, la eficacia es un bien preciado para lograr objetivos puntuales. Si no halla la manera de comunicarse con eficacia, no podrá desarrollar todo su potencial, no triunfará de la forma en que lo desea y siempre se sentirá frustrado. Trabajar duro no es suficiente, tampoco lo es ser excelentes en lo que hacemos. Para ser exitoso, debe aprender a establecer una verdadera comunicación con los demás y construir buenas relaciones con todos, pero principalmente con aquellos que están relacionados con el mundo de los negocios en que usted está.

El dinero nunca se acaba.
Este es un principio que cuando lo aprendemos nos podemos dar cuenta de la importancia de cultivar relaciones para poder tener grandes fuentes de ingreso. Este principio me ha enseñado que el dinero lo que hace es que pasa de una mano a otra, entonces

el dinero que usted necesita está en la cuenta de alguien, que si usted es capaz de darle lo que esa persona está necesitando llegándose a él o ella de la forma correcta podrá sacar ventaja en el negocio. Cuando el apóstol Pablo se presentó ante el rey Agripas, Pablo tomó toda la atención del rey por cómo se expresó delante del él. Este rey que no tenía muy buena fama terminó diciendo: "Casi me persuades a ser cristiano", y dice que si Pablo no hubiera apelado al César este le hubiera dado su libertad. Cuando se es capaz de tener una buena relación con sus clientes ellos harán todo lo que usted les pida y usted terminará haciendo un buen negocio.

Las relaciones son indispensables para nuestra vida cotidiana, social y para un buen desenvolvimiento personal y profesional. Además se podría decir que el relacionarse es un arte porque no todas las personas logran este vínculo que hace la diferencia, el cual te da la habilidad que te llevará a lograr lo que otros no han podido lograr por no cultivar el poder de las Relaciones. El hombre más exitoso que haya vivido en esta tierra el rey Salomón dijo: mejor son dos que uno, él sabía lo importante que era moverse en este poder.

"Tu habilidad de llevarte bien con los demás, determinará tu felicidad y tu éxito, tanto como cualquier otro factor."

NOTAS

CAPÍTULO 9

¿QUÉ CÓDIGOS HAY EN SU MENTE SOBRE EL DINERO?

¿Se detuvo a pensar qué imagen tiene del dinero? Quizá tenga mensajes grabados como que el dinero es sucio, que no lo merece o que los ricos son malos, que no es bueno desear tener más. Quite ya esos pensamientos de su mente, lave su mente de negatividades y de pensamientos erróneos.

El dinero es el símbolo de prosperidad Divina en el campo material, el dinero es un sistema creado y aprobado por Dios y es esencial para la circulación de la riqueza.

Como no podemos dar de lo que no poseemos, debemos querer al dinero; porque al tenerlo, con él podemos honrar a nuestro creador.

A partir de ahora el Dinero no va ser su enemigo sino que es su amigo, usted debe declarar todo los días:

"Voy a tenerlo de todas las formas y colores, voy a tenerlo cerca, voy a respetarlo." Dijo un gran pensador "Lo que respetas atraerás".

Bendiga el dinero que llegue a sus manos, porque es una forma de multiplicarlo, bendiga y agradezca a Papá Dios, porque materializó de sustancia en dinero para usted.

Vigile sus pensamientos cuando maneje dinero, ya que él está conectado a su fuente proveedora de todo dinero y de toda riqueza.

El dinero, como las riquezas, aunque es algo material proviene del mundo invisible. Para que el dinero sea manifestado en nuestras vidas debemos aprender a quitarnos los temores y miedos.

No nos resulta fácil desprendernos de nuestros miedos y temores, pero si comenzamos a trabajar en nuestra parte emocional, como ya hemos hablado, tanto en los pensamientos como en los sentimientos negativos, superando nuestros miedos, temores, inseguridades, vamos a comenzar a lograr un equilibrio entre nuestra mente consciente y el subconsciente.

Debemos lograr una dinámica tal entre nuestra mente y nuestro corazón, que ya vamos a poder visualizar despiertos y en todo momento sin necesidad de esforzarnos por conseguir la visualización.

Cuando su mente está programada para manifestar, usted se impregnará de una fuerza sobre natural que es la que atrae a su vida las oportunidades y personas para manifestar el dinero en sus manos.

Los pensamientos son tan importantes que en una ocasión Jesús confrontó a sus discípulos por sus pensamientos negativos:

Mateo 16:7-10

Ellos pensaban dentro de sí, diciendo: Esto dice porque no trajimos pan.

Y entendiéndolo Jesús, les dijo: ¿Por qué pensáis dentro de vosotros, hombres de poca fe, que no tenéis pan?

¿No entendéis aún, ni os acordáis de los cinco panes entre cinco mil hombres, y cuántas cestas recogisteis?

¿Ni de los siete panes entre cuatro mil, y cuántas canastas recogisteis?

Jesús se enojó por sus pensamientos incrédulos en

cuanto a la provisión divina y les hizo mención que se acordaran cómo Él, en dos ocasiones, había multiplicado los panes y los peces, usted no puede pensar en forma incrédula, más bien debe tener un pensamiento de prosperidad e incremento financiero, pues lo que pensamos está conectado con Dios y Él usa sus pensamiento para bendecirlo.

Job 42:2 Reina- (RVR1960)
Yo conozco que todo lo puedes,
Y que no hay pensamiento que se esconda de ti.

NOTAS

CAPÍTULO 10

EL PODER DE LA GRATITUD

Cuando le ocurra algo bueno en el curso de su día, dé gracias. No importa cuán pequeño sea, diga gracias. Cuando consiga el estacionamiento perfecto, escuche su canción favorita en la radio, llega a un semáforo que le da luz verde o encuentra un asiento vacío en el autobús o el tren, diga gracias. Estas son todas cosas buenas que está recibiendo de la vida.

Dé gracias por sus sentidos: los ojos que ven, los oídos que oyen, la boca que saborea, la nariz que huele y la piel que le permite sentir.
Dé gracias por las piernas para caminar, las manos que usa para hacerlo casi todo, la voz que le permite expresarse y comunicarse con otros.

Dé gracias por el increíble sistema de inmunidad que lo mantiene sano o lo cura y por los órganos que

mantienen su cuerpo inmaculado para que pueda vivir.

Dé gracias por la magnificencia de su mente humana que ninguna tecnología de computación en el mundo puede igualar.

Su cuerpo entero es el mejor laboratorio en el planeta y no hay nada que pueda siquiera aproximarse a replicar su magnificencia. ¡Usted es un milagro!

Dé gracias por su hogar, su familia, sus amigos, su trabajo y sus mascotas. Dé gracias por el sol, el agua que bebe, el alimento que come y el aire que respira, sin los cuales no estaría vivo.

Dé gracias por los árboles, los animales, los océanos, los pájaros, las flores, las plantas, los cielos azules, la lluvia, las estrellas, la luna y nuestro bello planeta.

En la vida cotidiana apenas nos damos cuenta que recibimos mucho más de lo que damos, y que sólo mediante la gratitud se enriquece la vida.

Para utilizar el poder de la gratitud, practíquela. Mientras más gratitud siente, más amor da; y mientras más amor da, más recibe.

76

¿Se siente agradecido por su salud cuando está bien? ¿O nada más nota la salud cuando su cuerpo se enferma o le duele?

¿Se siente agradecido cuando duerme bien por la noche? ¿O da por sentado que duerme bien y solo piensa en dormir cuando se siente privado del sueño? ¿Se siente agradecido por sus seres queridos cuando todo marcha bien? ¿O solo habla acerca de sus relaciones cuando surgen problemas?
¿Está agradecido por la electricidad cuando usa un efecto eléctrico o prende una luz? ¿O sólo piensa en la electricidad cuando hay un apagón?
¿Está agradecido por estar vivo cada día?

Cada segundo es una oportunidad de estar agradecido y multiplicar las cosas que ama. Yo antes pensaba que era una persona agradecida, pero no supe realmente lo que es la gratitud hasta que la practiqué.

Si estoy manejando o caminando, uso el tiempo para dar gracias por todo en la vida.

Aun cuando camino de la cocina al baño doy gracias. Digo con el corazón: "Gracias por la vida. Gracias por

la armonía. Gracias por la alegría. Gracias por la salud. Gracias por la diversión y las emociones.
Gracias por la maravilla de la vida. Gracias por todo lo fenomenal y bueno en mi vida".

Sea agradecido.
La gratitud no le cuesta nada, pero vale más que todas las riquezas del mundo.

La gratitud lo enriquece con todas las riquezas que existen en su entorno, porque cuando usted siente gratitud por cualquier cosa, se multiplica y se manifiesta en tu vida.

Efesios 5:20 Dios Habla Hoy (DHH)
Den siempre gracias a Dios el Padre por todas las cosas, en el nombre de nuestro Señor Jesucristo.

NOTAS

CAPÍTULO 11

EL PODER DE LA FE

En el camino de la vida he visto levantarse, en cada encrucijada, la silueta negra y pertinaz del sufrimiento. Es el pan que nunca falta en la mesa humana. También he podido comprobar, por el trato con la gente, que la fe es el calmante más eficaz para amortiguar o eliminar el dolor, siempre y cuando esa fe sea llama viva en el corazón.

La fe es el poder más grande de este mundo; mueve montañas y desplaza a un lado los obstáculos que se le opongan, vence a las cosas llamadas imposibles, aplasta el temor, hace que la vida sea vibrante, dinámica y gozosa. La respuesta a todas sus luchas, a todas sus derrotas es la fe, una fe sincera, generosa, entusiasta.

La fe maneja cosas que no se pueden ver y esperar, aquellas que parecen imposibles. La fe ve lo imposible, cree lo increíble y recibe lo imposible. La fe, en términos bíblicos "... es plena certeza de que lo que esperamos ha de llegar. Es el convencimiento absoluto de que hemos de alcanzar lo que ni siquiera vislumbramos" **(Hebreos 11:1).**

Si la fe no fuera la primera de las virtudes, sería siempre el mayor de los consuelos. En realidad, es ambas cosas.

Un auténtico creyente es la persona que cree en cosas mejores aun cuando no haya pruebas que confirmen su esperanza, que cree en su futuro aunque no vea demasiadas posibilidades en él, cree en los buenos resultados aunque no pueda verlos, tiene la confianza de tener lo que espera, aunque no vea soluciones a la mano. El cristiano cree lo que no se ve y su recompensa será ver lo que cree.

Una de las verdades más consoladoras, de más fuerza y más práctica jamás expresadas está descrita en las siguientes sentencias de Jesús: "Si tuvieseis fe... nada os será imposible" **(Mateo 17:20).** "Ve y como creíste, te sea hecho" **(Mateo 8:13).** "Si puedes creer, al que

cree todo le es posible" **(Marcos 9:23)**. "No temas, cree solamente" **(Marcos 5:36)**. "Lo que es imposible para los hombres es posible para Dios" **(Marcos 5:36).**

Como ven, las palabras de Jesús pueden condicionar nuestra mente de tal modo que en ella se desarrolle la confianza. Es asombroso ver cómo personas derrotadas se convierten en seres triunfantes cuando realmente utilizan la fe como instrumento. Estoy tan seguro de lo que digo que me atrevo a afirmar que jamás he visto nada que sea absolutamente capaz de abatir a una persona si esta pone toda su energía, toda su inteligencia y toda su fe en el Señor para superar las dificultades. No conozco situación alguna en la que la fe en Dios no constituya una ayuda positiva.

Lo contrario de la fe es la duda. La caída del hombre vino por causa de la duda; su restauración y su felicidad no pueden venir, por lo tanto, de otra fuente sino de la fe.

La fe no es una virtud peculiar y misteriosa que para obtenerla debamos esforzarnos. Es conveniente quitar la idea de que la fe es un heroísmo espiritual propio tan solamente de espíritus selectos. Hay, ciertamente, héroes de fe; pero la fe no es solo hazaña

de héroes. Es un asunto de madurez espiritual. Es crecimiento en la confianza, a la que todos podemos llegar y, paradójicamente, la madurez en la confianza la alcanzan los niños. Jesús dijo que es necesario volvernos como niños, que así como los niños confían en sus padres, debemos confiar en Dios. Cuando nuestro corazón es sano, la fe no cuesta esfuerzo alguno; nos parece tan natural apoyarnos en Dios, como a un niño confiar en su padre.

La fe es la convicción íntima del alma referente a los pensamientos de Dios. Uno cree la palabra de Dios, la cual nos lleva a desarrollar la Fe; uno recibe esa palabra con toda sencillez y humildad, pues tiene el sello de la autoridad del Dios soberano. La fe no es algo abstracto e irreal, sino la seguridad que tiene el cristiano, que está fundamentada en las promesas de Dios. La fe es la luz y el conocimiento sobrenatural con que, sin ver, creemos lo que Dios dice.

La poderosa fuerza de la fe puede derribar las circunstancias adversas de la vida, esta no conoce límites, tiene poder extra para resolver los problemas. Aquellos que tienen un gran corazón y una gran fe no necesitan temer cuanto pueda venir, pues su corazón y su fe determinan la calidad del futuro.

Dios valora la fe, nuestra confianza en él, por encima de cualquier otra cualidad de nuestro carácter.

Cuando Arquímedes descubrió el principio de la palanca declaró: "Dadme un punto de apoyo, y levantaré el mundo" La fe es ese punto de apoyo que te hace mover toda imposibilidad que aleja el dinero de ti.

Si puedes creer también te será posible ser el próximo millonario.

NOTAS

CAPÍTULO 12

UNA SEMILLA LA LLAVE DE LA ABUNDANCIA

Gálatas 6: 7

*"No os engañéis; Dios no puede ser burlado:
pues todo lo que el hombre sembrare, eso también segará"*

¡Cuántas enseñanzas están implícitas en un versículo bíblico! Nos dice la Palabra que todo aquel que intenta recibir bendiciones de parte de Dios sin antes haber sembrado, además de estarse auto-engañando, también está intentando burlarse de Dios.

Cualquier atajo que la gente quiera tomar a fin de burlar las leyes que Dios ha puesto es una hechicería y poder maligno que trata de sacar a las personas de la buena Voluntad de Dios y lograr las cosas por otros medios.

Todas las promesas de Dios tienen premisas que deben cumplirse. Por ejemplo Dios hizo un pacto con Abraham de que le bendeciría con abundancia pero debía llevar en su carne la señal de aquel pacto: La circuncisión. Siglos más tarde cuando el pueblo de

Dios estaba a punto de entrar en la tierra de la promesa conforme al pacto que Dios había hecho con Abraham, Dios le dijo a Josué que debía circuncidar a todos los hombres para que pudieran tomar posesión de la promesa.

Así que nos dice la Palabra que no existe otra forma de segar algo, sino sembrándolo antes. Si usted está viviendo hoy cosas no muy buenas es porque hace algún tiempo las sembró. No se espante de su siega, esa fue su semilla por mucho tiempo. La semilla tiene poder, sea buena semilla, sea mala; ¡vaya que tiene poder!

Es muy clara la Palabra de Dios al respecto. Lo que estamos segando actualmente se debe a la semilla que sembramos. Esto puede ser malo o bueno, no lo sé; pero lo que me entusiasma muchísimo es que hoy usted y yo podemos sembrar para nuestro futuro y construir uno mucho mejor que los que hemos vivido, y si usted sembró en el pasado algo que está afectando su presente, ahora mismo cancele de su vida toda semilla que dio algo "no bueno" y Dios puede cambiar sus circunstancias.

Origen de la ley de la siembra y cosecha

Génesis 8: 22 "Mientras la tierra permanezca, no cesarán la cementera y la siega, el frío y el calor, el verano y el invierno, y el día y la noche"

Dios estableció una ley que permanecerá durante todo el tiempo en el que la tierra permanezca. Así que de la misma manera en que cada año existe el invierno y el verano, así como hay día y hay noche, sin lugar a dudas existe la ley de la siembra y la cosecha.

Según su género / Ley de la reproducción.

Génesis 1: 11 "Después dijo Dios: Produzca la tierra hierba verde, hierba que dé semilla; árbol de fruto que dé fruto según su género, que su semilla esté en él, sobre la tierra. Y fue así. 12 Produjo, pues, la tierra hierba verde, hierba que da semilla según su naturaleza, y árbol que da fruto, cuya semilla está en él, según su género" Y bueno, Dios había dado instrucciones a la tierra para que produjera hierbas y árboles, pero los diseñó de tal forma que su semilla estuviera en ellos. De tal forma era la instrucción de que el fruto siempre sería de acuerdo a su género, debido a la semilla que estaba en él.

Así que encontramos la primera pieza del poder de la semilla. Su información genética. Cada semilla tiene

un género, y cada semilla está dentro de aquel ser vivo que la porta.

Por lo anterior podemos entender que nunca podremos segar algo diferente de lo que hemos sembrado: quien ha sembrado frijoles cosechará frijoles, quien sembró maíz, maíz recibirá. De la misma forma quien ha sembrado egoísmo cosechará soledad, y quien sembró chismes segará caos y enredos interminables, quien siembra murmuración cosecha vergüenza, quien siembra deslealtad cosechará desamparo. Pero no solo hay malas semillas, también hay buenas, por lo tanto: quien ha sembrado respeto segará honra, quien sembró amor recibirá cariño, quien sembró perdón segará agradecimiento, quien siembra la palabra de Dios segará recompensa, quien siembra dinero recibirá dinero.

Deuteronomio 14:26 (RVR1960)

...y darás el dinero por todo lo que deseas, por vacas, por ovejas, por vino, por sidra, o por cualquier cosa que tú desearas; y comerás allí delante de Jehová tu Dios, y te alegrarás tú y tu familia.

Así como el principio de la siembra y la cosecha operan en todas las cosas que antes mencionamos

también opera en el dinero, yo no puedo esperar recoger en la vida una cosecha de dinero si no soy capaz de soltar de mi mano lo que tengo.

Quiero mostrarte algo: que la insuficiencia económica es un demonio que atormenta las personas. Una de la razones por las que Salomón jamás tuvo que ir a pelear una batalla fuera de su palacio, ni tampoco su ciudad fue abatida por los enemigos; fue porque Salomón recibió por revelación para cortar con algo que su padre David y su abuelo Isaí experimentaron, si usted presta mucha atención a la genealogía de David se dará cuenta que venía de una familia adinerada pues su bisabuelo Booz era un hombre riquísimo casi dueño de todo belén   pero sin embargo, vemos que el padre de David no pudo disfrutar de esas riquezas, pues como usted puede ver, según los hermanos de David, cuando éste fue a verlos al campamento,sus hermanos le dijeron que a su padre solo le quedaban unas pocas ovejas y además tenía deudas con el gobierno de impuestos. David fue perseguido por este maldito demonio (El Hombre Fuerte) David tuvo que exiliarse y experimentar la pobreza, mucho después de haber sido rey, o sea que su nueva legislación como rey tampoco le aseguro que sería libre de aquel demonio.

¿Por qué Salomón no vivió jamás en pobreza?
En el libro de proverbios Salomón da un diagnóstico del origen de la pobreza cuando dice:
"Así vendrá tu necesidad como hombre armado y caminante y tu pobreza como hombre armado".
Proverbios 6:11

Jesús habla del hombre armado como una autoridad espiritual que posee bienes:
Mas si por el dedo de Dios echo yo fuera los demonios, cierto el reino de Dios ha llegado a vosotros. Cuando el fuerte armado guarda su atrio, en paz esta lo posee. **Lucas 11:20-21**

Aquí usted puede ver que lo que Salomón logro neutralizar, el nuevo testamento lo afirma y el mismo Jesús habla sobre el hombre armado descubriendo cuál es su asignación: Guardar y apoderarse de las posesiones que están reservadas para los hijos de Dios.

¿De qué posesiones se está hablando que este príncipe de las tinieblas guarda?

Aquí se está hablando de todo aquello que la religión le dijo que era malo, tales como finanzas, casas,

empresas, autos y todos aquellos bienes que están en la tierra que no le pertenecen al diablo ni a los demonios, sino solo a usted, estimado lector. Adán perdió las riquezas del edén, Jesús recuperó todo lo perdido por el primer hombre para que usted lo disfrute.

Dicen las escrituras que todo lo que pertenece a la vida y a la piedad se nos fue entregado, y según Pedro, son grandísimas cosas, o sea lo que quiero que usted entienda es que este año usted tiene que pensar en recuperar todo los sueños que no ha logrado. Es tiempo de arrebatarle el botín que ese hombre armado ha tenido retenido en su fortaleza, y esto es su propiedad, una gran fluidez financiera como nunca antes ha experimentado, de tal manera que se cumplirá lo que dijo Salomón: que "dejarás herencias aun a los hijos de tus hijos."

La pregunta clave es esta: ¿Qué estrategia usó Salomón que le funcionó de tal forma que siempre vivió en prosperidad?

Le pregunto: ¿Está dispuesto a recibir esta información tan poderosa? Si su respuesta es Sí, ahí le va.

El salmo 76:11-12

Promete, y paga a Jehová vuestro Dios: Todos los que están alrededor de él, traigan ofrendas al temible. Cortará Él, el espíritu de los príncipes: Temible es a los reyes de la tierra.

Este es el más alto nivel de guerra espiritual que usted puede encontrar en la Biblia: cuando lo cielos estaban cerrados por tres años y medio y el profeta Elías fue a confrontar las tinieblas, note que Elías no pidió que se probara quién era el Dios de Israel, resucitando un muerto, tampoco sanando un leproso, que había muchos en esa época, abriendo el río Jordán etc... Elías sabía que Dios podía hacer todas esas cosas, pero la necesidad era exterminar las fuerzas de las tinieblas que estaban gobernando en esa temporada, el rey de Israel había hecho pacto con los demonios, había un espíritu de brujería por todas partes, y por consecuencia había una pobreza extrema en Israel. Jesús dijo en Juan 10:10 que el ladrón vino a matar y destruir. Entonces, ¿qué hizo Elías? Usar el arma más poderosa, el altar de la ofrenda.

Reyes 18:20-40

Elías corta la escasez después de una ofrenda.

Entonces Acab convocó a todos los hijos de Israel, y reunió a los profetas en el monte Carmelo.

Y acercándose Elías a todo el pueblo, dijo: ¿Hasta cuándo claudicaréis vosotros entre dos pensamientos? Si Jehová es Dios, seguidle; y si Baal, id en pos de él. Y el pueblo no respondió palabra.

Y Elías volvió a decir al pueblo: Sólo yo he quedado profeta de Jehová; mas de los profetas de Baal hay cuatrocientos cincuenta hombres.

Dénsenos, pues, dos bueyes, y escojan ellos uno, y córtenlo en pedazos, y pónganlo sobre leña, pero no pongan fuego debajo; y yo prepararé el otro buey, y lo pondré sobre leña, y ningún fuego pondré debajo.

Invocad luego vosotros el nombre de vuestros dioses, y yo invocaré el nombre de Jehová; y el Dios que respondiere por medio de fuego, ése sea Dios. Y todo el pueblo respondió, diciendo: Bien dicho.

Entonces Elías dijo a los profetas de Baal: Escogeos un buey, y preparadlo vosotros primero, pues que sois los más; e invocad el nombre de vuestros dioses, mas no pongáis fuego debajo.

Y ellos tomaron el buey que les fue dado y lo prepararon, e invocaron el nombre de Baal desde la mañana hasta el mediodía, diciendo: !!Baal, respóndenos! Pero no había voz, ni quien

respondiese; entre tanto, ellos andaban saltando cerca del altar que habían hecho.

Y aconteció al mediodía, que Elías se burlaba de ellos, diciendo: Gritad en alta voz, porque dios es; quizá está meditando, o tiene algún trabajo, o va de camino; tal vez duerme, y hay que despertarle.

Y ellos clamaban a grandes voces, y se sajaban con cuchillos y con lancetas conforme a su costumbre, hasta chorrear la sangre sobre ellos.

Pasó el mediodía, y ellos siguieron gritando frenéticamente hasta la hora de ofrecerse el sacrificio, pero no hubo ninguna voz, ni quien respondiese ni escuchase.

Entonces dijo Elías a todo el pueblo: Acercaos a mí. Y todo el pueblo se le acercó; y él arregló el altar de Jehová que estaba arruinado.

Y tomando Elías doce piedras, conforme al número de las tribus de los hijos de Jacob, al cual había sido dada palabra de Jehová diciendo, Israel será tu nombre,

edificó con las piedras un altar en el nombre de Jehová; después hizo una zanja alrededor del altar, en que cupieran dos medidas de grano.

Preparó luego la leña, y cortó el buey en pedazos, y lo puso sobre la leña.

Y dijo: Llenad cuatro cántaros de agua, y derramadla sobre el holocausto y sobre la leña. Y dijo: Hacedlo

otra vez; y otra vez lo hicieron. Dijo aún: Hacedlo la tercera vez; y lo hicieron la tercera vez,

de manera que el agua corría alrededor del altar, y también se había llenado de agua la zanja.

Cuando llegó la hora de ofrecerse el holocausto, se acercó el profeta Elías y dijo: Jehová Dios de Abraham, de Isaac y de Israel, sea hoy manifiesto que tú eres Dios en Israel, y que yo soy tu siervo, y que por mandato tuyo he hecho todas estas cosas.

Respóndeme, Jehová, respóndeme, para que conozca este pueblo que tú, oh Jehová, eres el Dios, y que tú vuelves a ti el corazón de ellos.

Entonces cayó fuego de Jehová, y consumió el holocausto, la leña, las piedras y el polvo, y aun lamió el agua que estaba en la zanja.

Viéndolo todo el pueblo, se postraron y dijeron ¡Jehová es el Dios, Jehová es el Dios!

Entonces Elías les dijo: Prended a los profetas de Baal, para que no escape ninguno. Y ellos los prendieron; y los llevó Elías al arroyo de Cisón, y allí los degolló.

Este es tu día de cortar la cabeza de aquello que te ha robado tu provisión y la exagerada prosperidad que Dios quiere darte. Cuando llegas al altar te haces mil veces más fuerte de lo que hasta ahora eres y entonces estás listo para tomar tu botín.

Lucas 11:22

Más si sobreviniendo otro más fuerte que él, le venciere, le toma todas sus armas en que confiaba, y reparte su despojos.

Estimado lector, creo firmemente que esta gran enseñanza te ha abierto los ojos del entendimiento y ahora mismo, estoy seguro que estás pensando "cuántos años perdidos". Pero olvídate de tu pasado, pues cada vez que lo recuerdas envenenas tu futuro. Hoy es el día de tomar una decisión y hacer lo que hizo Elías: poner una ofrenda en el altar para poner fin a la pobreza que te ha perseguido toda tu vida, y que si no la cortas, tus hijos la heredarán. Y que aquel que es más fuerte que los fuertes, se manifieste en tu vida y cumpla lo que dice el libro de Job en el capítulo 36, versos del 15 al 16.

Al pobre librará de su pobreza, Y en la aflicción despertará su oído. Asimismo te apartará de la boca de la angustia. A lugar espacioso, libre de todo apuro, Y te preparará mesa llena de grosura.

¿Qué hizo Elías? Colocó un buey en el altar, algo muy costoso en aquellos tiempos. Tu ofrenda tiene que ir de acuerdo con tu demanda. Si estás pidiendo una

casa a Dios, no te presentes con unos pocos pesos, dale valor a lo que pides y a tu Dios. Salomón dijo: "Por la ausencia del buey el granero está vacío". Queda detrás de esta sabiduría que una gran petición tiene que estar acompañada de una gran ofrenda, porque el Señor se lo merece. David dijo en cierta ocasión que no se presentaría delante de Dios con las manos vacías, él sabía el poder que se desata después de darle a Dios.

Hoy es el mejor día de tu historia para cambiar tu presente y futuro, pide perdón a Dios por la veces que no lo has honrado como Él se lo merece y haz un voto delante de Dios que le serás fiel con tu economía de hoy en adelante, que darás tu 10 % y ofrendas voluntarias porque no te vas a conformar más con ver que tus finanzas cada día son objeto de dolor y desesperación.

Oración: Padre Gracias te doy por la sangre de Jesús, gracias por que Él llevó mi pobreza en la cruz y hoy puedo pedir perdón y alcanzar su misericordia por esa preciosa sangre. Perdóname por las veces que te negué mi recursos por las ocasiones que no creí que al darte mi diezmo y ofrenda no me alcanzaría, hoy me desato de esta maldición que me auto impuse y corto con todo pasado de escases financiera, desato sobre mi vida la abundancia y prosperidad del cielo. Decreto oficialmente que el dinero después de esta oración me perseguirá todos los días de mi vida, será una fuente fluyente en cantidades exageradas. Hoy rompo la espalda de la pobreza de mi vida y mis hijos y todas sus descendencias, en el nombre de Jesús. Hecho está! ... **Amen.**

NOTAS

NOTAS

NOTAS

NOTAS

NOTAS

NOTAS

NOTAS

NOTAS

NOTAS

NOTAS

Óscar López
radiofeusa@gmail.com
1 (305) 923 4325
www.radioyosoy.com